La glèbe

Paul Adam

Alpha Editions

This edition published in 2022

ISBN : 9789356893665

Design and Setting By
Alpha Editions
www.alphaedis.com
Email - info@alphaedis.com

Contents

I

La vaste cuisine de ferme tiède après le dîner; où s'étirent les ombres sur le carreau rose, où la vieille servante droite et plate essuie la vaisselle tintante; là Cyrille vient s'asseoir cette veillée d'hiver.

Il pense à Trouville, aux mois des dernières vacances, à Denise. Son cousin, ce noceur, les avait unis solennellement, un matin, devant la mer plumetée, tandis que ruisselait l'harmonieuse voix des eaux, tandis que riait cette fille aux cheveux teints. Et suivit une folle excursion en barque où elle le serrait à la taille en lui disant des bêtises: «Potache, potache. Oh! que t'es farce, petit potache.» Ce lui sonne encore. Elle épela «Institut Saint-Vincent» sur les boutons de son uniforme; car, sorti depuis cinq jours de chez les Pères, un tailleur n'avait pu le pourvoir de vêtements civils.

Et dans cette chair duveteuse, dans ces cheveux teints gros et drus, il vécut des semaines. Les heures passées hors des étreintes, il ne les sait plus.

L'aima-t-elle cette femme de Paris, échouée là pour faire la plage? Si bête qu'elle ne parlait même pas, si robuste qu'elle le faisait geindre en le lacis de ses bras doux, lui le rude fils de paysans et de chasseurs. Elle l'ahurit de ses parfums brusques, de ses dentelles infinies, de ses soieries et de ses mousselines.

En Italie. Comme ça. Parce qu'il avait encore dans la tête Virgile, l'histoire, les gondoles de Venise, Cicéron, le Forum. Ils étaient partis avec l'argent d'un usurier, un ami d'elle. Sans hésitation lui conclut cet emprunt, malgré sa raison morigénante. Et puis, à Milan, un midi, elle se leva terriblement fâchée, cassa les porcelaines de la toilette, lui prit son portefeuille et, par le premier train, fila sur Paris. Pourquoi? Elle était ivre-morte depuis trois jours.

Alors il fallut revenir. Il dormit tout le temps du voyage. Quand il ne dormait pas, il larmoyait. A Lyon il trouva son tuteur.

Furieux cet oncle lui rendit des comptes: «Tu as vingt-un ans, par bonheur! Je ne serai pas obligé de m'occuper d'un pareil chenapan.» Et l'oncle retourna dans sa métairie après avoir sermonné pendant dix-huit heures de chemin de fer, et prédit la ruine.

A tout cela Cyrille pense.

Sa pipe laisse aux lèvres la saveur la plus souhaitable et les nues de fumée sinuent en spires valsantes. L'averse chante aux vitres. Les chevaux piaffent à l'écurie; il les écoute.

La Terre ne vaut plus. Sans doute, elle se relèvera: la Terre ne peut faillir. Mais quand? Donc pas d'argent. Des terres et des terres, son patrimoine inaliénable, par religion. Il les connaît: rases et plates étendues depuis Becquerelles jusque Ferbon, englobant les clochers et les moulins, enjambant les grandes routes. Sans un arbre. Il y chasse durant toutes les vacances depuis l'année où il remporta neuf prix.

La lampe verse sa lumière ronde sur le caraco passé de la servante droite et plate. Et les jurons des ouvriers arrivent du fournil avec le vent.

Autrefois, à Boulogne, il étudia chez les Pères. Une vie d'écolier sage avec le mépris profond des cancres, avec les calmes études où, de tout le poids de sa lourde intelligence, il s'appliquait à parfaire les thèmes et à noter l'accentuation grecque; les joies des promenades bavardes et turbulentes; le suprême ravissement d'instaurer en leur sens précis certaines phrases obscures de Quintilien et d'en être louangé *seul* par le professeur; les idées d'amour esquivées avec horreur comme susceptibles de punition. Puis, des volumes dorés, des médailles d'argent dans des écrins grenat, le baiser de l'archevêque couronnant aux stridences de la musique et des bravos, un parchemin de bachelier qui, là-haut, gît dans le vieux secrétaire d'acajou près du daguerréotype où il distingue mal ses parents en costume de noces, aujourd'hui morts. Non, jamais il ne mangea fin et propre comme au réfectoire, ni dans les ducasses d'en deçà la Deule ni dans les kermesses d'au delà. A Trouville? En Italie? Il but surtout.

A Turin du Lacryma-Christi. Les lèvres de Denise s'écrasaient sur le mince cristal et leur carmin transparaissait dans la pourpre du vin. Après elle, il y huma: une saveur chaude et liquoreuse avec des vigueurs pourtant, un arrière-goût amer, un parfum d'ambre et de thym… un peu comme du très vieux Volnay où persisteraient des saveurs de sucre… Et Denise son coude levé, la poitrine blanche et mouvante sous la gaze du corsage d'été, ses longs cils baissés vers la liqueur… Il retrouva sur ses lèvres ce goût de thym et d'ambre, ce liquoreux qui poissait leurs bouches.

Et pour revivre cette impression il commande:

—Catherine, allez à la cave chercher une bouteille de Volnay.

Devant la bouteille brune renaissent des souvenirs à chaque gorgée bue. Souvenirs tactiles, et souvenirs sapides, et souvenirs odorants. Visions de membres qui se cambrent, de bouches qui hoquettent, de dents froides et dures. Et chaleurs qui fluent par la gorge avec le vin comme chaleurs de baisers. Elles gagnent la poitrine, elles l'énervent ainsi que des contacts de derme.

—Catherine. Allez vous coucher.

—Oui l'maître.

La porte se referme. Il met les barres. Il ne voit plus qu'elle. Elle ondoie, la main à ses cheveux teints, le rire à ses dents mouillées. Ses bas rouges frétillent, ses gants noirs se déchiquètent. Elle grandit comme si elle accourait vers son front, son front d'amant qui brûle et où les veines battent. Elle se rapetisse facétieuse et fuyante, grosse maintenant comme une mouche... une mouche qui bourdonne.

La mouche bourdonne autour de la lampe, et gravite dans sa lumière ronde. Oh! l'insupportable bourdonnement qui croît. On dirait d'une compagnie de tambours qui battraient comme les veines battent dans son front brûlant. Vidée la bouteille.

La sueur lui coule sur les tempes, sur les joues, dans le cou. Des mouillures froides. Il se lèverait bien pour gagner cette bassine pleine d'eau, mais ses mains ne sont plus à lui, ses pieds ne sont plus à lui.

Il se mord et il ne sent pas la morsure. La chair de ses doigts paraît insensible, son nez dur comme le nez d'un cadavre, ses joues paraissent dures comme les joues d'un cadavre.

L'ombre flotte sur le carrelage rose. Comme la mer à Trouville n'a-t-elle pas flux et reflux? Tantôt l'ombre de la cheminée se berce là et tantôt elle se berce ici. Elle va baigner les jambes de Cyrille. Elle remonte maintenant vers la lampe et le vieux bahut où les luisures dansent la sarabande. Ainsi que dans le bateau d'Etretat, tout roule et roule. Tout roule, l'estomac aussi dans la poitrine de Cyrille qui n'ose plus bouger et s'avoue gris. Au balancement de ce roulis, il s'endort. Seul dans la cuisine vaste.

II

Chaque soir, seul, avec cette vieille femme taciturne et brute qui, interrogée, n'exprime même pas les bavardages du canton; «des bleuses-vues», dit-elle, en haussant les épaules; ensuite elle se tait. Les ouvriers dorment dans la grange, dans les écuries, harassés de labeur et de tabac.

La pluie, l'hiémale pluie pleure et pleure sans arrêt. Dans le hameau nul ne veille. Le fermier le plus voisin de Cyrille, son oncle, ronfle déjà sans doute. S'il allait lui faire visite, on discuterait encore le dépérissement de la terre, la grande rachitique. Tout le jour, il étudia ce sol malade, épuisé, tout le jour il médicamenta. Il sait aussi bien que l'oncle les phases du mal. Pourquoi s'attrister encore à cette évocation de ruine?

La ville est si loin. Les chevaux sont si las.

Qui voir parmi l'atmosphère brillante du café saure, où le gaz clignote vers les faces ennuyées et sévères des vieux? Les jeunes, ceux de son âge, travaillent à Paris, à Douai; ils font leur droit. D'autres Saints-Cyriens.

Quelle malédiction lui tua ses frères au berceau et ses parents sur la glèbe? Seul de la race; il lui faut en cette triste campagne vivre. L'orgueil du rang l'empêche, lui, grand propriétaire terrien, allié aux marquis de Bressel et aux barons de Fournies, de se commettre avec les employés d'administration. Les officiers dépensent. Trop pauvre d'or, il ne les peut connaître.

Mieux encore vaut rester là, dans la cuisine, fumer. L'unique joie de sa vie sera donc cette équipée avec Denise?

Si difficilement le blé se transforme en or; cette frasque et les cinq mille francs qu'elle coûta lui interdiront pour des ans l'achat de La Verdière, une maison presque citadine que ses vieux désirs convoitèrent et qui, proche de la ferme, serait un château indépendant, demeure du maître. Des Parisiens y passaient la belle saison autrefois: une petite fille joueuse et bien mise, un monsieur décoré et rieur qui manquait les lièvres au gîte, une dame lourde un peu, toujours en des lectures. A vendre, maintenant, La Verdière: vingt mille francs. Depuis trois années les Parisiens n'apparurent. Et Cyrille ne l'aura point ayant gâché les économies de son père avec la gueuse.

Elle buvait du champagne au Havre en sa robe de satin écarlate, où ses longs gants de peau noire gisaient. Elle trempa ses ongles diaphanes dans la mousse blonde et par la fenêtre, jeta la coupe dans la mer enlunée. «Comme le roi de Thulé!» s'écria-t-elle, et elle chanta.

Revivre ce chant!

—Catherine, du champagne, et allez vous coucher.

Des soirs et des soirs Cyrille l'aima de souvenir. Il l'aima au champagne comme l'après-souper du Havre; il l'aima au cognac comme l'après-midi du wagon, près Ambérieux; il l'aima au marsala comme l'après-dîner de Véronne. Et puis, il recommença ces diverses amours des soirs, des soirs, dans la vaste cuisine au carrelage rose, tandis que l'averse pleurait aux vitres.

III

Vers les nuages, il marche sous le vol circuitant des corbeaux, par la plaine plissée de sillons.

Il marche avec la constante inquiétude des semailles perdues, des socs brisés, des chevaux poitrinaires. De ci, de là se hérissent de chétives herbes, des brindilles pâlottes, éparses. Seul, toujours. Et ses pieds défoncent la terre humide.

Les campagnards servent les mêmes conversations que l'oncle. Quand Cyrille donne la cause scientifique des phénomènes naturels, des flétrissures et des floraisons en citant les lois de la physique ou de la chimie, ils lui rient à la face, de leurs gros rires idiots, en se moquant:

—Non, c'est comme ça, parce que c'est comme ça, monsieur Cyrille. On ne peut pas tout savoir. Faut pas non plus faire tant le malin avec vos balivernes de l'école. Tout ça, ça ne veut rien dire.

Il s'emporta, voulut à toutes forces expliquer; il alla chercher des crayons, traça des figures, des formules algébriques:

—Qué que c'est que tout ça? Qué que ça représente? il n'a point de nez votre bonhomme.

Et d'une quinte hilare leurs dos énormes tressautèrent dans les blouses. Il les jeta dehors.

Ils contèrent partout que «tout de même M. Cyrille avait un grain et que c'était bien malheureux pour son âge».

Nerveux encore de cette immuable stupidité où choppe elle-même la science sainte, il marmonne en marchant:

Là-haut les corbeaux tournent et croassent. Devant s'étale la plaine rousse, nue jusqu'aux nuages qui la ceignent.

Rien dans la plaine et rien dans sa vie pour toujours. Quel ennui de ne plus étudier, de ne plus écrire. Il eût bien entrepris une traduction de la *Pharsale* en vers français; mais il n'ose, ne sachant pas de directeur qui lui dise: «Ceci est bien, cela est mal.» Où le guide, où le conseil? Il ne croit pas en l'autorité de son jugement personnel. Si humble et si timide il fut aux maîtres.

Courbées en ligne, les sarcleuses épluchent un champ, les mains au sol, les croupes au ciel. Que laides ces filles aux cheveux rares plaqués avec de la pommade sur les crânes ronds et bis; leurs mamelles pendent dans les caracos lâches, et leurs doigts rugueux aux ongles cassés fouillent les touffes de l'avoine naissante. Vers lui elles lèvent leurs yeux craintifs. A son sourire elles l'encœillent sournoisement en des regards qui offrent leurs corps.

Jamais il ne s'acoquinera. Une honte pour sa famille si on venait à lui connaître de semblables déchéances. D'ailleurs elles lui paraissent sordides, ces femelles.

Une couturière qui, chaque printemps, reste six semaines au village pour travestir les robes selon la mode, l'eût plutôt conquis. Mais, par la servante, il sut qu'elle le jugeait brutal et très vieux à cause de sa barbe toute poussée. Il la laissa partir sans lui parler même.

Les corbeaux tournent, croassant dans le firmament blanc.

A la suite des chevaux lents, à la suite du rouleau polissant la terre, le vieux varlet titube, le crâne clapi entre les épaules, rendu gibbeux par le labeur.

Aux pleurnicheries des grelots grêles, aux chatoiements des fourrures bleues, les colliers monumentaux oscillent sur l'encolure des grises bêtes qui tirent, lentes.

—Hé bien, Baptiste! fait Cyrille.

—Hao, ho!

La raucité du cri lamentable s'éploie et agonise par la plaine vide. Les chevaux s'arrêtent. Les grelots ne pleurnichent plus. Immobiles et la tête pesant bas, les grises bêtes.

—Déjà tout cet ouvrage terminé?

—Hé oui, l'maître.

Ainsi tous. Les vieux laboureurs ne méritent jamais reproches ni même surveillance. La terre, ils la pomponnent et la choient d'instinct, comme ils mangent, comme ils dorment, comme ils se reproduisent.

Baptiste a pris une motte dans ses mains porphyriennes; il l'écrase et l'émie. Des larmes noient ses pupilles troubles; sa face porphyrienne se creuse encore aux traces des rides profondes.

—Mal, mal, mauvaise.

Cyrille hausse les épaules et fait signe de s'asseoir. Ils s'étendent à l'ombre épaisse des chevaux, sur la terre récemment polie.

Alors, les pipes fumelant, le vieux narre, de sa voix écrasée. Il dit les moissons d'antan florissantes et belles. Et son geste gourd encadre le pays jusqu'aux nuages.

Comme la terre montante a gagné le soleil, les pleurs pourpres de l'astre dépassé inondent.

Ils inondent et rosissent la frange des nuages qui traînent aux écorchures de la plaine brunie. Violettes et noires surgissent les nocturnes ombres.

Et les corbeaux filent vers l'horizon.

Tandis que Cyrille songe à la fuite désolante de l'or, à l'impossibilité de jouir et d'être.

Ses mains se crispent. Les plaisirs en son imagination volètent et narguent. Un par un, les souvenirs des joies passagères le viennent défier en mimant le bonheur perdu. Ils flagellent son désir et l'irritent.

Et Baptiste ne cesse de prédire la ruine proche.

Dans le chemin creux, ils vont parmi les brumes vespérales où se gouachent des herbes, des gens. Les grelots des bêtes sonnent et dansent avec le son morne des fers.

Passent les sarcleuses et leurs jupes bleues et leurs caracos blancs, et sur les dents claires leurs chansons languides.

Des chants d'amour. Volontiers Cyrille les battrait, ces femmes. Au sommeil il aspire, au sommeil qui tue la mémoire, et qui tue le désir, et qui, des fois, réalise.

—Une chope, Baptiste, hein? avant de souper.

Dans le cabaret sombre, la lueur aiguë des mesures d'étain, les vitres rougies par la trace du soleil. Là ils boivent, le vieux et lui, sans dire. Ils boivent pour s'enfuir des choses.

IV

Le père est mort. Je crois fort qu'il s'est suicidé. La mère et la fille sont *à quia.* Elles donneront La Verdière à moitié prix pourvu qu'on les paye comptant.

—Dix mille francs alors, reprit Cyrille.

Un maquignon dit:

—Comme ça s'enfonce les bourgeois. Ça fait des bêtises! Ça se ruine! Ne venaient-ils pas autrefois chasser, ceux-là, avec des vestes de velours, des gants neufs, des chiens anglais, est-ce que je sais. Ça chassait ça, ça ne savait seulement pas tuer un lièvre au gîte. Ça avait des chiens qui couraient sur le coup de fusil. Malheur, va. Et puis ça n'a pas le sou. Et dire que c'est ça qui nous dirige!

Toute la table s'esclaffa.

—Pour être bête, il n'y a pas plus bête que les bourgeois.

—Et des vices!

Les convives causent en sourdine à l'oreille avec des mines dégoûtées et des yeux égrillards.

Les servantes emplissent de bière les chopes; deux, sanglées dans leurs robes à fleurs; et elles gravitent inversement autour de la table immense garnie d'hommes en redingotes luisantes.

Au fond de la salle à tapisserie teinte d'humidité, une autre table unit les dames en deuil qui parlent discrètement du défunt: riche cultivateur dont les funérailles viennent de finir.

Tout en mâchant son bœuf, Cyrille pense à La Verdière. La blancheur éclatante de la nappe l'hypnotise. Depuis des semaines, ce malaise le prend à l'aspect des couleurs vives. Ce lui fut d'abord quand l'ivresse, le soir, terrassait. Les rideaux blancs de son lit le figeaient alors en une inévitable contemplation. Bientôt le carrelage rose de la cuisine acquit la même influence; puis les housses du meuble de salon. Maintenant cela le possède même hors de l'ivresse. La nappe lui scintille devant les yeux et darde des éclaboussures blanches.

Il s'efforce de s'y dérober et cille vers les murs. Malgré lui sa pupille gagne le coin des paupières où la nappe devient perceptible, et aussitôt son regard tombe maîtrisé sur ce blanc qui vibre.

—Elles sont à La Verdière n'est-ce pas, mon cousin?

—Qui?

—Les propriétaires, donc.

—Ces dames des Flochelles?

—Oui.

—Elles sont arrivées, il y a huit jours.

L'intérêt de cette causerie le peut enfin soustraire à l'hallucination blanche. Il parle, il parle pour que la vision ne le reprenne pas. Il renseigne sur l'âge de Mlle Lucienne—18 ans—celui de sa mère—42 ans.—Il cite leurs paroles, il décrit leurs robes, leur intérieur où il fit visite pour une affaire de voisinage; oui, des renseignements à donner sur une servante.

—Allons, il faut acheter les dames avec la maison! lui crie un farceur.

—Bé, ce ne serait pas mauvais marché, clame un autre.

De là Cyrille songe à Lucienne, si blonde et si frêle avec un sillage de parfums et des gants mauves jusqu'aux coudes. Que ne possède-t-elle des terres. Il l'épouserait. Seule elle lui livra cette note luxueuse inouïe de toute autre femme que Denise; elle fleura cette odeur unique qui suggère comme un avant-goût de possession. Le mariage le ravirait à sa tristesse, à son vice. Car il sait qu'il boit, il sait que peu à peu il devient fou.

Chaque fois que l'idée d'ivresse l'enchante par ses maléfices au son des souvenirs, aux promesses de les revivre et de tarir par le sommeil tous les regrets, une puissance fantasmatique s'évoque, d'attitude narquoise, personnifiée d'un Rire énorme et sans dents. Elle raille sa faiblesse infantile, lui assure que, malgré ses résolutions, il succombera encore; elle le montre par avance titubant, ridicule, courant à la folie. Elle lui décharne Denise et la travestit en un squelette dégoûtant d'alcool, riant de ce Rire aux lèvres grises et suintantes. Dès lors Cyrille ne désire plus que le sommeil où la hantise s'effacera, où il l'abattra.

Pour obtenir cette victoire il se livre entier au vin. Avec un acharnement de lutte, il absorbe verre sur verre comme il frapperait coup sur coup.

....

Tandis qu'il regagne sa ferme en cabriolet, ce soir-là, il sent le vol proche du Rire sans dents, du squelette en robe écarlate trop large et ganté noir trop large. Cela lui clame qu'il est encore ivre comme un porc, qu'il mourra vautré dans ses vomissures, comme un porc. Et de la prédiction lui naît une épouvante atroce, étranglante; ses nerfs se révoltent, leur exaspération s'essore par les mains qui cinglent du fouet et des guides la croupe du cheval galopant.

Le cheval galope dans la route verdie d'ombre, entre les champs aplatis sous la lune verte, sous les buées vertes.

En Lucienne Cyrille espère la libératrice. Ses bras, ses longs bras minces et ses mains fluettes exorciseraient la puissance par leur geste gracile, relevé.

Au goût de cette bouche fleurie il oublierait le goût de l'alcool. Mais elle ne possède pas de terres.

V

Le mariage, la meilleure chance pour lui, trop seul. Avec une femme élégante et instruite, quelles exquises causeries au retour des champs. Des lectures communes, une initiation dont il assumerait le plaisir la voyant s'étonner aux œuvres littéraires, étudier, comprendre, admirer enfin et goûter des sensations d'intelligence aux siennes pareilles. Leurs chairs ensuite se mêleraient à l'unisson de leurs âmes.

Aux dîners de noces, de funérailles et de baptême, aux banquets des ducasses et des kermesses, aux bals tendus de draps blancs et ornés de branches feuillues il assista, cherchant épouse.

Quand le cousin de Fourmies eut remarqué les prévenances de Cyrille à l'égard de Mlle Chrétien, il le dissuada, la montrant laide, pataude, orgueilleuse de son bétail et de ses arpents. Cyrille ne résista point, étant, au fond d'avis identique. Huit jours passés au château de Fourmies en chasses, en excellents repas, et en ivresses quotidiennes nées du kümmel, effacèrent la personne.

Avec leurs élégances, les maigreurs rousses des demoiselles Raveline le happèrent. Elles touchaient du piano à quatre mains, citaient Lamartine et Chateaubriand. Il préféra Marguerite à Caroline.

Souventes fois, au trot de son cheval britanniquement harnaché, il gagna la porte verte de leur brasserie distante de six kilomètres à peine.

Dans la cour profonde où se fonce le fumier, où picorent les poules troussées, il s'arrête, un instant, le regard vers la maison basse aux vitres émaillées de capucines claires.

Au perron surgissent les sœurs vêtues de cotonnades rayées et ceintes de rubans larges.

Marguerite sourit; sur la peau laiteuse les taches de rousseur vivent d'une existence de fleur, tantôt closes d'ombre, tantôt épanouies à la lumière.

Entrés ils ne conversent presque pas d'abord. Il manipule sa cravache, et fouette la poussière de ses bottes vernies jusqu'à ce qu'il se remémore des vers classiques appropriés aux circonstances. Alors ils récitent tous trois avec une émulation d'écoliers les tirades tragiques.

Là il goûte une intime vanité d'homme supérieur apprécié par une compagnie d'élite.

Les hauts bahuts bruns et leurs cuivrures ouvragées, les poutres du plafond, les assiettes à coqs peints, les fauteuils surannés, il les assimile aux meubles du grand siècle.

C'est le calme des classes, et sa musique d'alexandrins rythmés, sans la peur des punitions, sans la crainte des camarades, de leurs farces cruelles.

Le vieux de Bressel vint l'y prendre, un jour; et, comme ils retournaient, leurs chevaux pataugeant lentement dans la fange, il dit:

—Vous n'avez pas, Cousin, j'espère, l'intention d'épouser ces filles.

—Pourquoi?

—Leur bisaïeul, vous le savez, coupait les têtes pour trente-cinq sous, au temps de la première révolution sur la grand'place d'Arras. Il était le suppôt du sanguinaire sans-culottes Joseph Lebon.

—Oh, il y a bien longtemps; elles ne sont pas coupables des fautes du bisaïeul.

—Qu'est-ce, Monsieur? cette morale? Je vous ferai enfermer comme fou si jamais vous avez le malheur…

—Oh, oh!

—Oui, Monsieur, vous l'êtes assez souvent fou, bien que des gens disent que vous soyez ivre…

Et le marquis piqua des deux le laissant seul sur la route.

Longtemps Cyrille montra le poing à la croupe de l'alezan, à ce veston de velours noir, ces cheveux blancs et ras, ce feutre gris qui s'exténuaient parmi les jets de crotte entre la double file des peupliers maigres.

VI

Sa famille ne voulait qu'il se mariât. Ainsi la fortune reviendrait à Guy de Bressel, le Saint-Cyrien, et à Julia de Fourmies qui étudiait encore chez les religieuses de Sainte-Clotilde.

Il le comprit nettement après quelques heures de conversation avec le marquis et le baron installés chez lui pour la chasse des oies sauvages qui, en ce moment, passaient.

—Vous êtes, Monsieur, proclamait de Bressel une nuit d'affût, vous êtes, par ma foi, un bien heureux gentleman. Des chasses superbes, un marais enviable, une cave de vieux notaire. Vous avez tout jeune rôti des balais avec une femme charmante, vous vous y êtes même brûlé quelque peu. Des souvenirs exquis, quoi. Que faut-il de plus?

—Si vous croyez, mon oncle, que c'est drôle de vivre tout seul ici.

—Voilà bien les Français d'aujourd'hui. La vie de gentleman-farmer les ennuie. Voyez donc vos voisins les Anglais! quels gaillards.

—Mon cher, vous raisonnez comme une petite fille, insista le baron. Que voulez-vous? Vivre à Paris? Manger vos pièces de dix sous avec des femmes de brasserie comme un fils de quincaillier? Vous auriez honte de mener cette existence. Aux gens comme nous, pour fréquenter les boulevards, il faut de l'argent, beaucoup d'argent. Or, nous-n'en-a-vons pas. Alors la vie là-bas, sans le sou, c'est comme ces cartouches vides, un peu de fumée, et puis rien. Tout le monde s'en aperçoit et se moque.

—Il faut se résigner, Monsieur, il faut se résigner. Nous nous résignons bien, le baron et moi, et Dieu sait pourtant si cela est dur.

—Après dix ans de Tortoni se retirer ici, oui; c'est dur.

—J'ai envie de me marier, dit fermement Cyrille.

Ils se firent affectueux. Eux prirent épouses. Eh bien, là, entre parents, on peut en convenir: les symphonies conjugales se rompent de fréquentes discordances. Mme de Fourmies qui autrefois brillait aux réceptions de l'empereur, reproche aigrement au baron ce rôle obligatoire de châtelaine recluse. La marquise de Bressel, morte depuis dix ans, ruina son mari en jouant à Monaco. Cyrille revoit ces deux dames lui offrant des louis lors des vacances. Leurs petits chiens le mordaient aux jambes.

On narre le cycle de la famille, les héritages contestés, les unions manquées, le suicide d'un cousin que les dettes conduisirent à l'escroquerie, les réparations des châteaux, les vitraux donnés en pompe à l'église du village.

On remonte à l'époque de la Révolution, où les ancêtres réfugiés en Angleterre enseignaient le latin pour subsister. Puis revient le récit glorieux des batailles anciennes où, valeureusement, se comportèrent les aïeux, des ligueurs.

Ils parlent bas, à genoux dans la hutte, appuyés aux lucarnes ouvertes vers l'étang; et leurs yeux experts visent la nappe de ciel déchiquetée par les roseaux.

L'eau verte stagne entre les gerbes d'herbes. Des fois elle se ride et la ride étend jusqu'aux rives son ourlet lumineux qui court. Des fois elle se gonfle de bulles grossissant, crevant. Blanche, la tête d'un nénuphar surnage emmi les feuilles palmées.

A ces récits où s'évoquent les robustes cavaliers bondissant à travers mousquets et piques, Cyrille s'émeut et se gronde. Pourquoi des instincts bas l'incitent-ils aux mésalliances. Il jure de se vaincre. Se vaincre, soi, chose facile, mais vaincre la hantise fantastique, le Rire tors et vert; le terrasser autrement que par le sommeil de l'ivresse, le pourra-t-il? Il se connaît incapable de subir une heure le Rire, cette menace de folie et de funérailles.

Et voici que le conquiert la terreur hallucinante. Dans les roseaux, dans l'onde verte et plane il aperçoit, glissant entre des lames d'eau, la robe écarlate de Denise, ses gants noirs.

Alors il répète:

—Ça ne fait rien, je veux me marier.

—Mais avant de vous marier, Monsieur, songez au moins à vous corriger de votre ivrognerie. Vous ne pouvez pourtant apporter cela à une jeune fille en cadeau de noces.

—Vous êtes méchant, mon oncle. Vous savez bien que ça ne dépend pas de ma volonté, le médecin vous a dit l'influence originelle, atavique; mon père était alcoolique.

—Il en mourut: Prenez garde.

—Hé! je sais, je sais. Aussi je ne veux plus rester seul. Non, je ne veux plus.

—Chut!

Les ailes des oies battent sur le ciel ainsi que des éventails éployés. Silencieusement. De leur vol, elles cernent la mare. Et subitement, à six, elles plongent dans les herbes. Les herbes fléchissent, froufroutent, puis oscillent longtemps.

Une tête, ombre pointue, saillit d'une touffe de roseaux. Les fusils tonnent. Aux lourdes répercussions des coups, les volatiles s'élèvent; des masses noires, indécises, qui, une à une, versent, tuées.

Seule une fuit au ras des ajoncs, toutes pennes étalées, sous les montantes fumées de la poudre.

VII

Lucienne étant noble qu'objecteront les oncles? Le manque de fortune? Comme Cyrille sera fort pour leur reprocher cette mesquinerie.

Il se lève titubant et mol, mais la volonté de vaincre l'arbitraire de la famille et de faire œuvre libre le raffermit. Une intime colère, un désir extrême d'aimer mus au paroxysme par l'ivresse, lui suggèrent des actes. Il commande de préparer une valise pour un court voyage et d'atteler le dog-cart.

A Lille, les promeneurs bien mis, aux élégances britanniques, captivent son attention. Puis, chez un tailleur de vitrine limpide et d'enseigne sobre, il se livre aux mains des commis obséquieux qui le mètrent. Quelques jours après il regagne sa ferme, muni d'une complète garde-robe de clubmann.

En trois visites, Lucienne lui emporta l'esprit. Elle parlait bas avec un accent mièvre, et les paroles soupirantes fuyaient vite de ses rosâtres lèvres. Dans ses gestes affables et menus, une gentillesse de maigriote. Elle avait sur la taille mince, une poitrine ronde, une tête futile à veines bleues, à pupilles ardoisées, à cheveux d'ambre. Adorablement elle jouait du piano, et ses doigts fins sautelaient sans lassitude. Cyrille passe ses après-midi à La Verdière dans le salon empli de colifichets, de chaises frêles et dorées, de meubles à pompons, de fleurs gerbées par gammes chromatiques dans des vases simples.

Des heures il contemple la nuque gracile de Lucienne et la montante torsade de sa chevelure. Alors le saisit le désir de dénouer ces cheveux, de mordre à pleins baisers cette nuque blanche. Puis il se juge pur imbécile. De même que Denise, Lucienne l'enjôle. Il se prévoit la subissant avec tous ses caprices de petite fille coquette, ses gamineries, ses fugues sautillantes et rieuses qui refusent, ses bouderies qui obtiennent.

La gêne des dames des Flochelles ne se trouva point si grande qu'on l'avait dit d'abord.

Lucienne, outre la propriété de La Verdière, possédait une dot. Mme des Flochelles, anglaise de naissance, irait vivre, après le mariage, dans le comté de Kent, au manoir de son père qui, très vieux, désirait une compagnie.

L'aveu de ces détails intimes promut Cyrille au rôle officiel de fiancé.

Dès lors il se reprocha sa trop hâtive détermination. Il eut peur de Lucienne, si pauvre, sans terres; il eut peur de son charme; il craignit qu'elle ne l'abandonnât, un jour comme l'autre. Il chercha le moyen de rompre.

Puis le soir, chez lui, quand le goût amer de l'alcool lui remémorait les extases de ses amours débutantes, la vision de la jeune fille si différente de l'autre, exquise, lui promettait des délices encore neuves, pudiques et mystérieuses, dont le rêve le pressait.

Il aurait La Verdière; et la modicité de ses ressources demeurerait inconnue des paysans. Car, autrement, le domaine pouvait échoir à un autre acquéreur et les gens ne failliraient pas alors à le dire ruiné.

Comme les oncles, il possédera son château. Et ses vœux de luxe sont réalisés d'avance par cet intérieur charmant et diffus. Plus de soirs mornes dans la vaste cuisine de ferme.

Des heures de béatitude parmi les fleurs et la lueur mordorée des lampes, aux sons agiles du piano, à la vue de Lucienne en jupes claires. Le vice en mourra.

Mais une jalousie anticipée le harcèle. Il redoute de lui déplaire, d'être quitté. Bien que sûr d'abandonner son habitude, il appréhende une minute de faiblesse, où sa résolution sombrerait, et qui, pour toujours, la dégoûterait d'un ivrogne. Un autre alors la lui enlèvera. Et il s'attarde à méditer des vengeances extraordinaires, éternelles.

Une scène terrible avec le marquis de Bressel détermina Cyrille. Il déclara qu'il ne voulait consentir à sacrifier sa vie pour accroître la fortune de ses cousins et devenir vieillard à espérances; que le célibat ne lui valait rien; qu'il aurait Lucienne des Flochelles, une jeune fille noble, instruite, d'une élégance extrême et de goûts modestes; qu'il n'était plus un enfant; que sa famille pouvait bien ne pas assister au mariage, que cela lui paraissait indifférent.

Ils s'épousèrent à minuit selon le rite de la famille dans la chapelle du château de Fourmies, au milieu de buissons de cierges.

En Ecosse, au bord d'un lac uni, et ceint de grandes roches violettes qui s'y miraient, ils vécurent un mois en des extases, en des frémissements.

VIII

Le soleil fulgure vers les betteraves violettes et miroitantes, vers la masse tassée des blés pâles. Parmi l'énorme bruissement des fétus et des guêpes, le ciel jaillit, s'incurve bleu.

Sur la terre Cyrille s'est couché; et ses yeux cillent lacérés par les lueurs de l'air.

Il a fui la maison de peur de crime. Le Saint-Cyrien de Bressel causait bas à sa femme qui, écoutante, souriait. Ainsi les surprit-il sous les palmiers de la serre, au retour des champs. Il a fui pour ne point tuer. Et il courut des heures, des heures, à toutes forces, en rond. Puis, les forces éteintes, il tomba, capable enfin de ne plus se souvenir. Du moins la vision se disloque dans son imagination lassée, dans sa tête lourde. La douleur des muscles amende la douleur de l'esprit.

Que fit-il à cette femme pour qu'elle le haïsse? Son amour de vierge avoué, c'était donc leurre. Pourquoi l'avoir reçu, pourquoi s'être donnée?

Le souffle passe avec peine dans sa gorge étrécie d'angoisse. Il n'est dans l'air que le bruit de son râle, et une alouette planante qui jacasse, et ses ailes qui étincellent.

Lucienne tenait à sa bouche une rose blanche. La rose blanche, Cyrille se la représente exacte avec un pétale jauni qui frôlait les lèvres mièvres, les dents. L'autre la voulait avoir, et elle refusait en riant.

Le rire, la nuque penchée sous les frisures et le casque de cheveux lisses, le rire et la nuque penchée pour plaire à un autre! Cela le torture. Il imagine quelles durent être leurs moqueries à son égard. Et cependant pour elle, il se transforma, il tua son habitude de vin. Jamais l'ivresse ne le reprit bien qu'il eût voulu enfouir ses craintes jalouses dans le sommeil lourd de l'alcool.— Les voilà toutes réalisées ces craintes: lui moqué par ce jeune homme, un imbécile, un ignare auquel il donna des répétitions pour ses examens de l'École et qui fait des fautes d'orthographe.

Ira-t-il provoquer un pareil gamin? On se gausserait. D'ailleurs il ne peut même pas affirmer son soupçon: ils se séparèrent tout de suite avant de l'apercevoir. Sans se retourner elle s'esquiva; mais sa course était si jolie, ses jupes froufroutaient avec tant d'art que par cette fuite même elle désirait sans doute plaire à l'autre.

Puis la douleur se fait toute physique. La rose blanche le gêne comme le gênaient, lors de ses ivresses, les blancheurs des linges. Chaque fois qu'il s'imagine cette posture de Lucienne, des frissons le torturent et tressautent par ses membres. C'est la vie toujours morose, et le bonheur exilé.

Et il se souvient des souffrances anciennes subies pour Denise. Il se souvient du recours suprême, le sommeil où les alcools enfouissent l'esprit.

Au cabaret il assomme sa douleur à coups de vin.

IX

Ce devint sa vengeance, voir Lucienne au soir quand il rentrait ivre.

La raison vaincue par le vin, sa colère éclatait pour une chaise mise hors la place habituelle, pour une poterie ébréchée, pour une servante punie. A propos de rien il épandait des injures, des menaces. Et cela lui paraissait juste comme un devoir. Il croyait la sévérité propre à maintenir sa femme dans la soumission, le repentir, la crainte du mal, la vertu. Par des paroles ambiguës, que seule la coupable pouvait comprendre, il décela les motifs de sa haine. Mais elle feignit toujours de n'en pas saisir le sens caché.

Elle pleura, elle pleura sans cesse, assise dans leur chambre, sa figure futile collée aux fleurages pompadour des fauteuils.

Lorsqu'elle s'affaissait ainsi, sa taille si frêle dégagée des bras unis au front, le pied mince battant le sol de l'escarpin vernis, Cyrille avait pour elle des tressaillements d'amour, encore. A travers les buées tremblantes de son rêve alcoolique, elle lui apparaissait désirable au-dessus de toutes, de celles vues, de celles eues. Alors il la prenait dans ses bras, sans mot dire, et le lui prouvait.

Par baisers et par caresses, Lucienne semblait vouloir le fléchir. «Pourquoi es-tu si méchant?» dit-elle une nuit. D'abord il garda un silence triste, puis il étala ses suspicions.

Lucienne, dès lors, ne pleura plus. Elle l'évita partout.

Il se persuada que les circonstances voulues où elle disparaissait devaient servir l'adultère, il le lui reprocha. Très froidement et fermement elle lui déclara qu'elle n'aimait que lui, que ses soupçons l'affolaient, que s'il faisait encore allusion à des histoires pareilles elle mourrait.

La pitié n'atteignit pas Cyrille que l'image du Saint-Cyrien et de la rose au pistil flétri gardait. A tout instant sa rancœur s'amassait en ses entrailles avec son souffle longtemps retenu, et que par soupirs il expirait. Et il passa ses veillées à fuir de cette douleur vers le sommeil du vin.

Un soir le marquis et le baron vinrent pendant un de ces sommeils.

La brusque rupture de sa béatitude le mit en méchante humeur, et la présence de M. de Bressel aviva la rage douloureuse conçue envers le fils. Alors il revit l'entier égoïsme de la famille, hostile d'abord à son mariage par cupidité, avide ensuite d'en tirer profit au point d'astreindre ses fils à choisir en sa femme une maîtresse peu coûteuse qui les garderait des scandales.

Puis, comme le marquis élevant la voix, l'invitait durement à cesser ses querelles conjugales et ses ivresses qui déshonoraient la race, Cyrille, délirant de colère, les poussa dans la cour à la force des poings. Longtemps il invectiva.

Personne ne vint plus à La Verdière. Lucienne congédiait vite les rares amies en visite, car Cyrille devant ces intruses—des entremetteuses peut-être—s'évertuait à travestir son visage en mines terrifiantes afin de leur enjoindre une peur salutaire.

Ayant chassé la famille et les amitiés anciennes, il eut un renouveau de joies, un triomphe à posséder seul Lucienne et ses gestes graciles et sa face sérieuse. Aux heures d'ivresse ces joies s'exprimèrent par des extravagances et des jeux d'enfant.

Si, après boire, il ne parvenait au sommeil, d'impérieuses envies de se mouvoir l'exaspéraient. Il eût voulu courir ou briser; ses phalanges s'arquaient et ses mâchoires se serraient; il lui fallait sortir. Alors dans la taverne basse, à la flamme fumeuse du pétrole, il formait des plaisanteries pour plaire aux rustres buveurs, et les dominer par l'esprit. Bientôt les muscles de sa face, mus par le délire, se contractaient et se détendaient en grimaces pour soutenir les paroles. Sa gesticulation s'animait; la male puissance en furie dans son corps poussait ses bras, ses jambes, à travers l'espace, sa face à travers le vide, et tordait son dos.

De telles violences lassaient la tension douloureuse de ses nerfs, si douloureuse que sa peau lui semblait trop étroite pour contenir leur élan et leurs bonds. Ainsi la bienfaisante lassitude lui venait, le calmait, l'assoupissait.

Il prit l'habitude de faire grand tapage et montre de vigueur. Aux soirs des cabarets, il dansa frénétiquement, tapant le sol de ses semelles, les tables de ses poings, riant à gorge ouverte. On lui apprit qu'on le disait fou.

Ce l'enchanta, ravi que cette réputation lui permît encore plus d'extravagances et les excusât en même temps. A ses affreux délires, il vit enfin le remède quotidien et assuré; et but davantage, sûr de n'en point trop souffrir.

Cependant si, fatigué de ses grimaces et gestes, le rire des gens lui devenait hostile et railleur, il interrompait brusquement sa mimique en roulant des yeux féroces tout prêt à férir les insolents; et, dans le silence subitement venu, il démolissait d'un formidable coup une table, une chaise pour instruire le cercle des spectateurs muets et peureux de quelle force il les saurait assaillir.

Les autres restaient immobiles, serrés entre eux comme des bêtes craintives. En tout son orgueil, Cyrille les examinait eux, leurs visages pâles, leurs blouses tassées contre les murs gris de suie, la cabaretière effarée mettant sa vaisselle à l'abri, et les plus résolus préparant leurs poings.

Alors, sûr de la terreur inspirée, las aussi de ses efforts physiques, il leur tendait la main; et commandait de la bière pour tout le monde.

Il se jugea très spirituel puisque ses clowneries lui valaient l'approbation des spectateurs; il se jugea très supérieur puisqu'on le redoutait. Par les rues simples du village, il passait silencieux et sombre, jouant le seigneur.

Et un amour extrême pour Lucienne l'emporta.

Le sentiment d'avoir vaincu le Saint-Cyrien, d'avoir rompu cette passion mauvaise, d'être seul aimé, ce furent des délices neuves, sauvages.

Il rechercha des voluptés mauvaises. Lorsque par la pâleur de sa face et la fatigue navrée du geste, Lucienne laissait comprendre sa souffrance d'être honnie ainsi qu'une fille, il souffrait de sa douleur autant qu'elle; son souffle se précipitait, des larmes lui montaient aux paupières, mais il n'interrompait pas la suite des récriminations; et, portant le mal au paroxysme, il goûtait d'extatiques voluptés à la posséder dans sa douleur. Étouffer ses sanglots d'une étreinte forte et maîtresse, boire ses larmes lourdes, ainsi affirmait-il sa conquête par la brutalité du viol triomphant.

X

L'Évangile clos, Cyrille se rassied, comme tout le monde.

Jaune, le soleil coule aux colonnes du chœur, aux côtés du Christ culminant le tabernacle de cuivre.

Silencieusement sous la nef évidée, les rustres se voûtent en leurs blouses sombres, parmi la poussière familière qui grisaille les murailles.

A grand mal, Cyrille s'évertue pour fuir son obstination d'ivresse, une envie sans cause de gifler le curé qui se prélasse à l'autel dans les ors et les moires. Dès l'instant où il franchit avec Lucienne le seuil de l'église ce besoin le harcela. Et ses poings se crispent comme si déjà ils étreignaient le prêtre. Il étire ses doigts moites, puis lisse sa manche pour distraire son geste irrité. Contre l'idée absurde il s'indigne, et ses anciens respects acquis aux religieux s'indignent, et sa volonté s'indigne d'être subjuguée par ce désir bête.

Mais sa colère croît à mesure qu'il tente de retrouver la saine intelligence. S'il construit des arguments raisonnables, tôt des accès de rage les effilent et les déchirent; et ses muscles se tendent pour le détourner de la raison. Alors dans ce lacis d'efforts contradictoires, une vision surgit armée de vraisemblance et de réels souvenirs: l'ecclésiastique aux mains blanches, il le vit souvent auprès de sa femme; souvent elle se confesse; elle-même orne la chapelle de la Vierge l'après-midi. Et lentement, par une patiente recherche, il s'attache à des réminiscences imbues d'oubli, il les joint, les unit et de leur ensemble parvient à établir le motif de sa haine.

Tinte la sonnerie maigrette de la clochette, les chaussures du servant grincent sur les grés des degrés sacrés.

Cyrille se lève, comme tout le monde.

Il regarde Lucienne agenouillée en ses valenciennes. Les fleurs ténues du chapeau, les fleurs à longue tige tremblotent sur la paille pâlotte, et, en sa face mièvre, les cils battent vers les joues mates.

Trop jolie, elle dut plaire à ce curé, un instruit, un raffiné. Or ce citadin, au visage clair, quels avantages ne tient-il pas sur un gentilhomme campagnard, hâlé.

Vers l'unique vitrail à bordures jaunes, à bordures bleues, le calice assomptionne aux mains de l'officiant. Longtemps cela s'irradie dans le soleil fuselé, et, pour le regard trouble de Cyrille où les choses s'épanchent, le vermeil du calice semble déborder sur les doigts du prêtre.

Ce l'exaspère. Voilà que ses chairs se dorent maintenant à ce pleutre, comme ses ornements sacerdotaux. De telles transformations, sans doute, affolèrent Lucienne, comme ces doigts grêles enfoncés dans les dentelles de l'aube. Oh! par la tête brûlante de Cyrille, la passion de lacérer chasubles et oreries, de vider le calice, en piétinant l'efféminé...—Dominus Vobiscum.

De face à présent il nargue ne dirait-on pas?... et l'œillade a visé Lucienne. Cyrille l'a perçue malgré l'onction que le sournois affecte... Qu'il attende la fin du sacrifice: il verra.

Une crampe soudaine force le noble à décroiser les bras et son poing se tend vers le bellâtre, d'un jet.

Lucienne hausse sa figure dolente, qui implore, qui apaise.

Pour elle, il s'apitoie et reprend une position correcte. Même par désir de faire accroire aux autres que rien d'insolite ne fut dans ses gestes, il répète, en s'étirant les manches, une tension de poing identique mais qui semble appropriée à cette action naturelle.

De sa haute taille il domine les fidèles; et les têtes inclinées évitent peureusement le regard impérieux dont il les fixe. Tout de suite on a compris son désir, on n'ose y enfreindre: on feint de n'avoir rien remarqué. Ainsi Lucienne n'aura point honte.

Car c'est en lui le souci constant de ne se point rendre plus odieux encore, de la reprendre, de la reconquérir par sa toute soumission, et de vivre heureux à nouveau. Comme en Ecosse.

Mais le curé se retourne encore, regarde.

Et voici que la rage emporte Cyrille contre l'outrecuidant individu, cause des singeries auxquelles il s'astreint. Le poing menaçant saillit encore vers le prêtre.

—V'nez donc, ben, un peu, Monsieur Cyrille, murmure Baptiste en le tirant par le bras.

—Veux-tu me laisser ou je te casse la figure.

—C'est des bêtises, tout ça. A c't'heure? Vous n'êtes pas bien, que je vous dis; c'est que vous avez soif; faut vous rafraîchir.

—Oui, va Cyrille, prie Lucienne.

Il se décide. D'ailleurs l'autre n'en subira pas moins sa juste vengeance. Et puis il a tellement soif.

Ses lèvres pâteuses et molles se collent; sa langue sèche cherche en vain la salive dans sa bouche sèche.

Comme il ne faut pas, cependant, que les gens, s'il se retire, croient les moqueries permises, il sort à reculons, prêt à battre.

Dehors ses yeux errent par la place où s'écrase la lumière astrale. Il s'inquiète de l'ombre courte, torte, bleue, qui lui adhère aux talons. S'il pouvait il la chasserait; elle le gêne, l'obsède, offusque sa pupille. Elle perce son cercle de vision et il la sent à chaque pas remuante, espionne. S'il s'arrête, elle demeure courbée sous lui, difforme, affreusement gibbeuse et tassée.

XI

Vers la mare marmoréenne il traîne Lucienne. L'haleine de la nuit tremble dans les troènes aux fleurs blanches et dans les ailes blanches des canes.

La jupe s'accroche aux ronces, aux pierres de la cour creuse, mais Cyrille tire de ses mains emmêlées à la longue chevelure et le corps mou suit avec des bruits de déchirures.

Cyrille marmonne: «C'est sa faute, elle ne voulut pas avouer. Elle n'avoua rien dans son entêtement perfide, cette souillée menteuse. Et d'autres ne la doivent plus avoir.»

Pourtant si elle eût compati, il eût en ses bras bu ses lèvres, ses joues; et cela eût tari sa soif à jamais. Il n'aurait plus cherché dans le vin le sommeil d'oubli, n'ayant plus de tourments à y perdre. Au contraire, elle suscita des douleurs très grandes. Par sa male faute il fut contraint de se réfugier aux torpeurs de l'ivresse,—et la folie le dompte.

Son regard est saisi par les ailes blanches des canes, par les fleurs blanches des troènes, par la jupe blanche qui s'accroche aux ronces et aux pierres. Et ces blancs dardés le lacèrent, l'exaspèrent.

Enfouie sous l'eau boueuse, la jupe blanche ne l'éblouira plus de ses allures jolies pour le mener ensuite à la douleur, au vin.

Il chancelle et titube sur le fumier craquant. Cette ivresse l'enrage contre elle qui la lui valut. De toutes forces il secoue la chevelure magique à son poing liée.

Il avance avec le corps qui cède et qui glisse sur les grès lisses. Puis l'eau clapote en ses pas; et les lourdes ailes des canes éveillées, battent.

D'un vol tumultueux le blanc des pennes éployées cingle sa vue. Alors la furie l'exalte. Il précipite Lucienne. L'eau sourdement geint, s'illumine. Elle se fonce. Elle se tait.

C'est une hébétude de sentir ses bras vides, de prévoir vide la chambre nuptiale.

Et des sanglots lui rompent la gorge étranglée. Il fuit.

Jusques au matin il fuit dans la plaine infinie, vers le ciel pailleté. Les perdrix s'essorent en ligne, et s'éteignent. Les lièvres détalent, et le blanc de leurs croupes lestes.

Dans sa robe rouge trop large la figure de Denise; dans sa jupe blanche trop large la face blême de Lucienne; elles fuient à sa tempe gauche, à sa tempe droite, frôlantes. Il les voit du coin de l'œil et, s'il se retourne, elles disparaissent. Parfois il se jette sur le sol, la tête dans les bras. Seul son souffle ahanne parmi les mélancoliques appels des perdrix.

Du rouge sourd de la terre, du rouge de sang qui le pénètre, qui emplit sa gorge d'une saveur saumâtre. Son souffle s'expire péniblement avec des tumultes de forge. Et ces tumultes emplissent la plaine où persistent les voix craquetées des perdrix.

....

Sous l'aube rosissante et les longs cris du vent dans les trembles,—Cyrille s'est étendu face au ciel, les yeux clos. Il sent le matin; et voici le chant des alouettes. Tout son sang bourdonne et bouillonne dans sa tête inerte. Elle ne semble plus à lui tant elle pèse. Il ne la peut mouvoir.

Et du rouge ensanglante ses paupières baissées, et du rouge flamboie sur ses joues qui brûlent. Il croit à la robe rouge de Denise qui le toucherait. Il lèverait bien ses mains pour l'écarter mais elles ne lui appartiennent plus.

Et le rouge se pourpre, tourne au grenat vineux, au noir; du noir lourd qui plane et lentement descend; c'est la mort, pense Cyrille. Un calme bienfaisant lui fraîchit les membres. Il lui paraît que son corps ne brûle plus, mais, qu'éteint, il se noircit et se glace.

Dijon, imprimerie Darantière.